Um Discípulo Solitário

N.C. Ramanujachary

Um Discípulo Solitário

Monografia de T. Subba Row, 1856-90

EDITORA
TEOSÓFICA

The Theosophical Publishing House,
Adyar, Chennai, Índia, 1993.

Direitos Reservados à
EDITORA TEOSÓFICA
Sig Sul, Quadra 6, nº 1235
70610-460-Brasília-DF-Brasil
Telefone: (61) 33227843
E-mail: editorateosofica@editorateosofica.com.br
Site: www.editorateosofica.com.br

Dados Internacionais para Catalogação na Publicação (CIP)

R165d Ramanujachary, N.C.
O discípulo solitário / N.C. Ramanujachary; Tradução de Eduardo Barcellos – Brasília: Editora Teosófica, 2020.
88 p.

Título original: A lonely disciple – monograf on T. Subba Row.

ISBN 978-65-990758-5-8

1. Teosofia. 2. Biografia. I. Barcellos, Eduardo. II. Título.

CDU 141.332:929

(Mayara Cristovão da Silva / CRB 2812 / Brasília, DF, Brasil)

Tradução: Eduardo Barcellos
Revisores: Fernando Mansur e Zeneida Cereja da Silva
Diagramação: Leandro Collares
Capa: Marcelo Queiroz.
Impressão Gráfica: Gráfika Papel e Cores – telefone (61) 33227843
Email: comercial@papelecores.com.br

Ao Mestre de Sabedoria
que inspirou e ensinou
T. Subba Row

Elimine todos os erros com uma mão forte.
Você deve ajudar a si próprio primeiro e,
quando o fizer, outra ajuda logo fluirá.[1]

1 *Cartas dos Mestres de Sabedoria,* Carta nº 79, II Série.

Sumário

Prefácio da Edição Brasileira

Esta é uma biografia de T. Subba Row, um brâmane com profundo conhecimento da Filosofia Advaita Vedanta, e discípulo aceito do Mestre M., inclusive indicado por ele para revisar *A Doutrina Secreta*, embora ele não tenha realizado este trabalho.

A seriedade com que tratava assuntos da Ciência Oculta, e o cuidado em não profanar os ensinamentos esotéricos que possuía, mostra-nos algumas das virtudes do autor.

Os leitores terão acesso a registros de diálogos entre ele e a Madame Blavatsky, inclusive é dito que Subba Row tinha restrições em instruir pessoas que efetivamente não possuíam os requisitos necessários para ter acesso aos conhecimentos reservados.

Todas essas informações são preciosas para estudantes sérios da nossa literatura, e alguns pontos de vista diferentes, entre o autor e a Madame Blavatsky, não devem ser encarados como uma postura de separatividade.

Lembremos que está no DNA de todo amante da verdade o livre-pensamento, a capacidade de investigação, e o respeito por crenças ou pontos de vista diferentes.

Transcrevemos, a seguir, dois pequenos textos, o primeiro da própria Madame Blavatsky, na revista *Lúcifer*, ao comunicar o desencarne de T. Subba Row. O segundo, do

Mestre K.H., no final da Carta nº 177, no livro *Cartas dos Mahatmas para A. P. Sinnett*:

> "Existem poucos membros da Sociedade Teosófica que nunca ouviram falar de Subba Row, o grande estudioso Vedantino; são poucos os leitores de *A Doutrina Secreta* que não estão familiarizados com o seu nome, como o talentoso autor das *Palestras sobre a Bhagavad-Gitā*... O *Karma* tem caminhos misteriosos para atingir seus fins, os quais, para os profanos, devem permanecer para sempre insondáveis. Só podemos sentir profundo pesar por esse *Karma* ter atingido alguém cuja morte privou Madras de um intelecto gigante, e a Índia perdeu um de seus melhores estudiosos."
>
> ".... Você erra ao não confiar nos escritos de Subba Row. Ele não escreve de bom agrado, certamente, mas ele jamais fará uma afirmativa falsa...."

Com essas considerações, informamos que, em 2019, duas importantes obras do referido autor foram publicadas pela Editora Teosófica: *Escritos Esotéricos* e *A Filosofia da Bhagavad-Gitā*.

Por último, vale mencionar que as páginas citadas nas notas de rodapé estão relacionadas aos originais em inglês.

Ígor Mendonça Câmara
Diretor-Presidente da Editora Teosófica

Prefácio

T. Subba Row foi uma figura notável na Sociedade Teosófica, por um curto período de tempo, depois que os Fundadores, Madame Blavatsky e Coronel Olcott, chegaram à Índia.

Como esse relato biográfico mostra, ele não permaneceu muito tempo na Sociedade Teosófica, e morreu quando ainda era jovem. Mas tal era sua erudição e conhecimento oculto, que ele desempenhou um papel importante durante os anos de formação da Sociedade. Seus discursos e escritos contidos em duas publicações, *A Filosofia da Bhagavad Gitā*[1] e *Escritos Esotéricos*[2] impressionam o leitor ainda hoje por seu alcance e profundidade.

Sri N.C. Ramanujachary prestou um louvável serviço, reunindo aqui as informações fragmentadas disponíveis sobre Subba Row. Espera-se que esse esboço biográfico estimule o leitor a se aprofundar nos escritos acima mencionados de Subba Row.

Radha Burnier

---

1 Editora Teosófica, Brasília, 2011. (N.E.)

2 Editora Teosófica, Brasília, 2019. (N.E.)

Prólogo

A história recente do movimento teosófico na Índia tem certos nomes entrelaçados. Um é de T. Subba Row, carinhosa e respeitosamente conhecido como 'Swami Subba Row'. Ele desempenhou um papel fundamental ao convidar os fundadores da Sociedade Teosófica para virem a Índia e fixarem a sede mundial em Adyar. Vindo de uma família brâmane de língua Telugo, residente no distrito de Godavari, na antiga província de Madras, ele era bem versado no ensino oriental e lia bem em inglês, essencial para o sucesso na vida pública. Na verdade, ele foi um advogado de sucesso, exercendo sua profissão na cidade de Madras.

Desde o momento em que se familiarizou com o movimento teosófico, uniu-se a ele, em estreita associação com os fundadores e suas atividades, até ter-se desligado mais tarde da filiação formal. Sua retirada foi devido a sérias diferenças com Madame Blavatsky sobre questões filosóficas e certos assuntos de política; mas tudo isso não diminuiu a contribuição que ele deu ao conhecimento teosófico. Seus escritos continuam sendo citados com respeito. Embora ele não tenha colaborado na redação de *A Doutrina Secreta*, como proposto originalmente, sua influência nos assuntos ocultos era grande demais para ser negligenciada. Pode-se argumentar que o que HPB escreveu sobre doutrinas filosóficas hindus tem como pano de fundo o conhecimento que

Subba Row trouxe da escola Sringagiri do sistema *Tāraka Rāja Yoga* da Filosofia Vedanta.

Subba Row editou o jornal da Sociedade Teosófica por algum tempo, atuando em vários comitês, incluindo o Literário e o Executivo e, portanto, esteve envolvido em muitas decisões políticas do período. Quando a Sociedade enfrentou crises como a conspiração dos Coulomb e as investigações da Sociedade de Pesquisas Psíquicas, Subba Row julgou adequado retirar-se da cena ativa para que os nomes dos Mestres da Sabedoria não fossem profanados. O sentimento de que Madame Blavatskv "revelou demais para os profanos" se fortaleceu, e ele se colocou contrariamente a H.P.B. antes que ela saísse de Adyar para nunca mais voltar.

"Os Mestres existem?" Essa era uma pergunta que agitou os membros nos dias iniciais da Sociedade Teosófica. Embora vários intelectuais tenham hesitado sobre esse assunto, Subba Row não era um deles. Para ele, os Mestres existiam, mas a existência deles não era para ser debatida. Como essa visão atualmente é predominante entre a atual geração de teósofos, Subba Row pode ser considerado um precursor nesse sentido.

Muitas perturbações, correntes e contracorrentes afetaram a Sociedade Teosófica ao longo dos anos. Mas sua ênfase em fundamentos, tais como a unidade da vida e a regeneração espiritual da humanidade, continuam a mantê-la em fundações firmes e a ganhar o respeito do público.

Um dos fatores contribuintes foi a posição e a sinceridade de homens como Subba Row.

Não são registrados muitos dados biográficos sobre Subba Row e sua família. Sabemos que, antes de sua morte, ele permitiu que sua jovem esposa adotasse um menino, o que ela fez. Mas, por má sorte, esse garoto, Bhaskara Timmaraju (filho de Siva Row, irmão mais velho de Subba Row), também morreu aos dezesseis anos de idade, e sua esposa, Seetha Mahalakshmamma, adotou o filho de seu irmão, Moortiraju, e lhe deu o nome de Subba Row. Felizmente, este Subba Row, engenheiro mecânico de profissão, neto por adoção de nosso personagem principal, vive com sua esposa e dois filhos em Eluru, uma cidade do distrito de Andhra Pradesh, cuidando das propriedades e negócios da família. Ele está bem disposto em relação à Sociedade Teosófica e é membro.

Buscamos, nas páginas seguintes, apresentar alguns fatos coletados de várias fontes sobre a vida, obra e filosofia da Subba Row, e fornecer uma verdadeira perspectiva histórica. Espera-se que isso permita que os leitores cheguem a alguma compreensão dos eventos que formam o pano de fundo de um movimento cujos objetivos e trabalho foram seriamente perseguidos até os dias atuais.

T. Subba Row, um Membro da Sociedade Teosófica

"O fato de ele estar em Madras foi uma das causas de nossa fixação, nessa cidade, da presidência como nossa residência oficial", diz o coronel H. S. Olcott em seu *Old Diary Leaves*, referindo-se aos primeiros dias da Sociedade Teosófica na Índia.

"Ele" era o Sr. Tallapragada Subba Row, um jovem *vakil* de Triplicane, em Madras, que mais tarde desempenharia um papel distinto e perturbador na história da Sociedade. O coronel Olcott escreve:

> O fato é que, no que diz respeito ao clima, eu prefiro [Madras] a outros lugares, e quanto à literatura Sânscrita e à Filosofia Ariana, é a mais esclarecida das Presidências indianas; há mais pânditas eruditos nas aldeias, e a classe educada, como um todo, foi menos arruinada pela educação ocidental. Em Bengala e Bombaim, há mais alfabetizadores da classe de Telang e Bhandarkar, mas não consigo me lembrar de um igual a T. Subba Row, de Madras, no que concerne ao seu brilhante gênio por compreender o espírito da Sabedoria Antiga [1]

1 OLCOTT, H. S. *Old Diary Leaves (ODL)*, II, Adyar, Theosophical Publishing House, 1974, 362.

Subba Row recebeu os fundadores da Sociedade Teosófica e seu grupo às onze horas da manhã de 23 de abril de 1882, quando chegaram de barco de Calcutá, e os fizeram ficar a bordo até 16 horas, hora em que foi organizada uma recepção formal.[2]

Ele escreveu à Madame Blavatsky, em 3 de fevereiro de 1882, dizendo que "seria altamente desejável que ela viesse, se as circunstâncias permitissem, no momento em que o coronel Olcott viesse de Calcutá"[3]. Ele estivera em correspondência com os fundadores que estavam então em Bombaim.

Subba Row foi admitido como membro da Sociedade em 25 de abril de 1882, "sozinho, em particular, por algum misterioso motivo insondável", afirmou o coronel Olcott".

Cerca de cinco membros foram admitidos em momentos diferentes, durante a primeira estadia dos fundadores em Madras, que durou até 3 de maio. H. S. Olcott registrou:

> A Sociedade Teosófica de Madras surgiu com R. Raghoonath Row como presidente e T. Subba Row como secretário. O primeiro usou seus melhores esforços para torná-la um braço útil, mas ele não foi bem apoiado pelo último, que era um executivo mais indolente. [4]

---

2 *Ibid.*, 344-4.

3 *The Letters of H. P. Blavatsky to A. P. Sinnett* (*HPB Letters*). Carta nº CLXI, Califórnia, Theosophical University Press, 1973, p. 316.

4 *ODL*, II, 344.

Subba Row continuou a ajudar os fundadores em seu trabalho teosófico, através de seus artigos, e, por algum tempo, a revisar o *The Theosophist* na imprensa. Ele também serviu em várias comissões, incluindo o Conselho Geral, até renunciar à sua filiação. Na época era presidente da Sociedade Teosófica em Madras. O suplemento do *The Theosophist*, de julho de 1888, declara: "Em sua sessão de 17 de abril de 1888, Dewan R. Raghoonatha Row foi eleito membro do comitê executivo, o vice, T. Subba Row, renunciou".

Subba Row foi um dos conselheiros convocados por A.O. Hume para *"salvar"* a Sociedade em maio de 1885. Hume propôs a renúncia dos principais dirigentes, que a propriedade em Adyar fosse vendida, e que uma nova científico-filosófica-humanitária Sociedade Teosófica fosse iniciada em seu lugar. Os conselheiros rejeitaram a proposta e se reuniram com HPB para afirmar seu apoio a ela.[5]

O coronel Olcott escreveu: "Vimos muita coisa sobre T. Subba Row na sede geral, nesse período, e fomos muitas vezes beneficiados com seus ensinamentos instrutivos sobre Ocultismo.[6]

---

5 *'HPB Letter to A. P. Sinnett', The Mahatma Letter do A. P. Sinnett (ML)*, Adyar, TPH, 1979, 461-2 [Veja publicação em português do livro *Cartas dos Mahatmas para A. P. Sinnett*, Vols. I-II, Editora Teosófica, Brasília, 2001. – N.E.]

6 *ODL*, III, 1972, 394 [Veja publicação de um volume do livro *ODL-Old Diary Leaves*, em português, com o título: *A História da Sociedade Teosófica*, Vol. 1: 1874-1872, Editora Teosófica, Brasília, 2019. – N.E.]

Em uma carta particular à Madame Blavatsky, em 1º de janeiro de 1886, Olcott escreveu:

> Você se lembra do grande projeto de Subba Row para criar uma Sociedade Advaita nacional, secretamente conduzida por certos Iniciados e ser apadrinhada por Sankarāchārya, o Sumo Sacerdote, e agir em harmonia com a Sociedade Teosófica; bem, isso acabou de nascer, as reuniões foram realizadas, as regras foram elaboradas, a presidência de Sankarāchārya foi aceita por ele, cerca de 400 ou 500 eruditos irão juntar-se apenas nesta presidência. Foi doado dinheiro para montar uma sala de palestras, em Madras, com pregadores do Advaita em toda a Índia. Subba Row trabalha para fortalecer os grupos da Sociedade Teosófica existentes, e criar novos onde não existem – então você percebe que ele está especialmente ansioso para que não haja novos escândalos ou brigas vinculadas com a S.T., por medo de que Sankarāchārya (um Iniciado) e todo o partido ortodoxo fiquem assustados e se separem de nós. Agora, fique quieta, pelo amor de Deus, fique calma – *você sabe* quem é Sankarāchārya!!! Nós resolveremos as coisas, pouco depois, para que você possa retornar com honra.[7]

Durante a convenção anual de 1885, Subba Row proferiu uma palestra introdutória e, posteriormente, em 1886,

7 *HPB Letters*, Carta nº CLXVI, 325

uma série de quatro *Palestras sobre a Bhagavad-Gitā*, cujo texto foi posteriormente publicado em forma de livro. O coronel Olcott registra:

> A sessão deste ano [da convenção de 1886] foi inesquecível, com um curso composto de quatro palestras sobre a *Bhagavad-Gitā*, ministradas por T. Subba Row, que encantou seus ouvintes e, em forma de livro, estão agora entre os mais preciosos tesouros de nossa literatura teosófica, e foram uma demonstração do caráter intelectual autenticado em nossas reuniões anuais de Adyar com as palestras da Sra. Besant.[8]

No ano de 1898, ele registra:

> Será lembrado que, em 1887, enquanto o Sr. Cooper-Oakley estava, por indicação de HPB, atuando como editor do *The Theosophist*, ele publicou um artigo escrito por T. Subba Row, sobre o número de "princípios" que compõem um homem, preferindo ele a classificação exotérica de cinco, em oposição ao grupo oculto de sete aceito por HPB; situação que a deixou enraivecida e, pouco depois, pela criação da revista, *Lúcifer* (*Portador da Luz*), agora chamada de *Resenha Teosófica* (*The Theosophical Review*). O Sr. Cooper-Oakley retirou-se do cargo de redator, e eu assumi, mas mantive o nome de

8 *ODL, III, 400.*

> HPB na capa por vários anos, até quando ela me implorou para substituir seu nome pelo meu. Cooper-Oakley e seu amigo Dr. Nield Cook, bem como T. Subba Row, renunciaram à sua filiação à Sociedade. [9]

Mesmo depois de sua renúncia, Subba Row continuou a encontrar os fundadores, assinou seus jornais, e falou deles "da maneira antiga e amigável". Olcott considerou que as diferenças entre HPB e Subba Row eram "devidas a terceiros". Subba Row continuou a visitar a sede de Adyar até ficar acamado. Sua última visita registrada foi na primeira semana de abril de 1890.

Olcott registra a renúncia de Subba Row e os fatores incidentais da seguinte forma:

> A Loja de Bombaim me enviou, em 30 de novembro de [1888], uma resolução que recomendava que T. Subba Row, que havia se demitido, fosse convidado a voltar para nós, mas eu recusei firmemente a diminuir a dignidade da Sociedade em qualquer caso semelhante, por mais influente que possa ser a pessoa afastada – minha convicção sempre foi de que a causa que defendemos é tão infinitamente maior e mais majestosa do que qualquer homem ou mulher envolvidos no trabalho da S.T., que seria uma diminuição do meu respeito próprio implorar a alguém que nos apoiasse contra suas

---

9 *Ibid.*, VI, 1975, 343.

> inclinações. Minha preocupação é que um homem não poderia gozar de uma honra maior do que a chance de ajudar os Instrutores em seu plano benevolente para a elevação da humanidade contemporânea.[10]

Em 3 de junho de 1890, Olcott visitou Subba Row, a pedido deste. Seu relato da reunião mostra um carinho paternal que ele sempre teve por ele:

> Ele estava em um estado terrível, com o corpo coberto de furúnculos e bolhas da cabeça aos pés, como resultado do envenenamento por sangue de alguma origem misteriosa. Ele não conseguiu identificá-la em nada que tivesse comido ou bebido e, portanto, concluiu que isso se devia à ação malévola dos elementais, cuja animosidade ele despertara com algumas cerimônias que realizava em benefício de sua esposa. 'Essa foi a minha impressão, pois eu senti uma estranha influência tão logo me aproximei dele. Conhecendo-o pelo ocultista erudito que ele era, uma pessoa muito apreciada por HPB e pelo autor, é claro, ou pelas excelentes *Palestras sobre a Bhagavad-Gitā*, fiquei inexplicavelmente chocado ao vê-lo em tal estado físico. Embora meu tratamento mesmérico com ele não tenha salvado sua vida, isso lhe deu tal força que ele foi capaz de mudar-se para outra

10 *Ibid.*, IV, 1975-74.

casa, e quando eu o vi dez dias depois, ele parecia convalescendo; a melhora, como ele me disse, ocorreu a partir da data do tratamento. [11]

Coronel Olcott escreveu: *"A morte de T. Subba Row B.A.,B.L."* para *The Theosophist.* Em uma nota anexa declarou: 'O exposto acima, tendo sido considerado no conselho familiar, foi endossado da seguinte forma:

> Lido e considerado correto – D.T.R. Cunhado de T. Subba Row.[12]

A morte prematura de Subba Row (ele estava no trigésimo quarto ano e precisava viver apenas mais uma quinzena para completá-lo) foi lamentada por muitos membros da Sociedade, além de parentes e colegas.

Para quem ficar imaginando por que um forte brâmane ortodoxo orientado para o Vedanta, como T. Subba Row, se juntaria afinal à S.T. para mais tarde abandoná-la, o seguinte trecho de uma carta escrita pelo próprio TSR a um amigo será interessante:

> Não é necessário que se deva ser membro de qualquer sociedade para merecer um Guru. Mas as Fraternidades

---

11 *Ibid.*, 241-2.

12 *The Theosophist, julho 1890; também T. Subba Row, Esoteric Writings (EW), Adyar, TPH, 1980, xiv.* [Este último, publicado no Brasil pela Editora Teosófica, em 2020, com o título *Escritos Esotéricos.* N.E.]

Ocultas, em todas as partes do mundo, agora estabeleceram uma regra de que a admissão em suas fileiras deve ser buscada através da "Sociedade Teosófica". Não me engano quando lhe digo que conheço pessoalmente muitos casos em que aqueles que eram chelas – inclusive um deles um alto chela – antes do advento da Sociedade entre nós na Índia, eram compelidos por seus Gurus a se juntarem à Sociedade sob pena de serem abandonados por eles. [13]

Não havia dúvida de que Subba Row foi altamente respeitado por sua grande erudição e proficiência na Ciência Oculta. Por muito tempo continuará sendo lembrado, nos círculos teosóficos, "como um jovem e brilhante filósofo místico".

---

13 *The Theosophical Forum*, Vol. VI, nº 7, 188, como citado em *Damodar and the Pioneers of the Theosophical Movement (Damodar)*, compilado por Sven Eek, Adyar, TPH, 1975, 668.

As Realizações Literárias de T. Subba Row

Subba Row discutia assuntos filosóficos por qualquer período de tempo, contudo era um escritor relutante. O coronel Olcott, embora tivesse um grande carinho por ele, não podia tolerar sua indolência. Ele expressou sua insatisfação com o funcionamento da Loja da Sociedade Teosófica de Madras. Ele escreveu em 1882:

> A comunidade pareceu ter sido colhida por uma onda de entusiasmo por enquanto, e não era estranho que nós dois (os fundadores) devêssemos acreditar que duraria, mas o tempo dissipou a ilusão. Logo depois, o Clube Cosmopolita, com salas de descanso, leitura e de bilhar, foi inaugurado, e nossos amigos empolgados, gradualmente trocaram a metafísica e a Filosofia do *Yoga* pelo exaltado jogo de sinuca e o entreterimento mental dos arquivos do jornal.[1]

Em uma carta particular para a Madame Blavatsky, em janeiro de 1886, ele diz:

---

1 *ODL*, II, 343.

> Agora, outra coisa. Subba Row está se interessando por publicações da filosofia e simbolismo esotéricos indiano e egípcio. Ele abriu novas perspectivas em 'A Virgem do Mundo'. A. K. e E.M. endereçaram-lhe – certamente – uma réplica que será enviada no próximo mês, e isso o estimulou a responder.[2]

Porém, mais adiante, ele declara que "S.R. é a preguiça e o egoísmo encarnados, mas com qualquer um que escreva lentamente, ele se desculpará (*ad libitum*)."[3]

Olcott ficou claramente indignado com o fato de Subba Row não estar se esforçando o suficiente para dar instruções aos aspirantes e não estar fazendo todo o possível para escrever em benefício da posteridade. Subba Row poderia muito bem ter tido suas próprias razões; também devemos lembrar que ele era um *vakil* (advogado), em tempo integral, com um trabalho lucrativo nos tribunais de Madras, e "poderia ter feito muito mais se ele desse menos atenção à filosofia".[4]

O trabalho literário de Subba Row começou quando ele ingressou na Sociedade Teosófica e participou ativamente de seu trabalho. Seu primeiro ensaio foi sobre "Os doze signos do zodíaco", no qual ele explica o significado

---

2 *HPB Letters*, nº CLXVII, 326.

3 *Ibid*, 326; o ensaio "The Virgin of the World" aparece também em *EW* [*Escritos Esotéricos*, Ed. Teosófica, 2020. N.E.]

4 *EW*, XII; também publicado em *The Theosophist*, julho 1890.

esotérico e espiritual dos signos e os relaciona com as forças da Natureza e do Cosmos.[5]

Ele também os correlaciona com "o primeiro capítulo da história deste Universo", que se estende do eterno *Brahman* autoexistente aos cinco elementos: "A história da criação e deste mundo, desde o seu início até os dias atuais, é composta por sete capítulos. O sétimo capítulo ainda não está escrito [concluído].[6] HPB citou esta declaração de TSR como uma nota introdutória para seu capítulo, "Resumindo" em *A Doutrina Secreta*. Ela fez a citação porque essa declaração chamou sua atenção.

TSR escreveu artigos, resenhas, respondeu a perguntas e fez réplicas de artigos críticos para *The Theosophist*, do qual, por algum tempo, ele estava no comando. Estes artigos foram publicados pela primeira vez em forma de livro em 1895, sob o título *A Collection of Esoteric Writtings of de T. Subba Row, BA., B.L, F.T.S.* pelo Fundo Teosófico de Publicações de Bombaim, fundado principalmente por Tookaram Tatya, um bom amigo do movimento teosófico e de Subba Row. Houve uma ou duas reimpressões desta edição, mas uma segunda edição revisada e ampliada foi lançada pela Theosophical Publishing House, em 1931, na qual C. Jinarajadasa adicionou uma seleção de artigos até então não publicados, coletados de anotações feitas pelo

---

5 *Ibid.*, 3.

6 *The Secret Doctrine* (*SD*), I, Adyar, TPH, 1971, 313. Veja também *EW*, 19. [*A Doutrina Secreta*, Ed. Pensamento, São Paulo. N.E.]

juiz Subrahmania Iyer, que também era amigo de Subba Row. Estes artigos estão incluídos nos *Escritos Esotéricos*. Eles incluem uma carta escrita para um tal de Sri Vavilala Sivavadhanulugaru, de Machilipatnam, datada de 1 de julho de 1885. Esta carta é de grande importância, porque explica a posição adotada por Subba Row em muitas questões contemporâneas. A seguir, trechos:

> Você não está correto ao afirmar que a Teosofia se contradiz, afirmando primeiro que um maior aprimoramento espiritual é possível para todo ser humano e, depois, que o *Karma* influencia as possibilidades... O próprio *Karma* é um produto do esforço humano e da ação humana, e pode ser alterado e variado pelo esforço humano. O *Karma* não é uma causa estabelecida e invariável, existindo de eternidade em eternidade, predeterminando o destino de cada ser humano através de milhares de encarnações... um caminho definido de progresso para o Adeptado [existe].... As paixões más da humanidade, no estágio atual, bloqueiam o caminho, não os Adeptos. Eles estão dispostos a ajudar todo homem que esteja preparado para esse tipo de estudo, se ele estiver realmente disposto a ajudar a si mesmo... Ninguém é imaculado e ninguém é totalmente cruel... A influência dos [Adeptos] no progresso da humanidade será o mesmo, quer eles morem em seus retiros ou em um lugar como Madras... Você diz que não consegue entender a precipitação das cartas... e nenhuma

> quantidade de explicações teóricas que eu possa dar satisfará você... sua incapacidade de compreender isso não nega o fenômeno. Ela [Madame B.] passa a ser a única agente que pode ser empregada pelos Mahatmas para os propósitos da ST.... Lembre-se também de que a pessoa que habita o corpo de Madame B. (que é um chela hindu) tem enormes dificuldades para lidar com... nós decidimos... que a Sociedade, como tal, não deve assumir o dever de defender Madame B... O relatório do senhor Hodgson é adverso, sem dúvida. No entanto, não somos responsáveis por isso. O resultado é ainda devido às distorções de alguns homens sem escrúpulos em nosso acampamento. Não posso dizer mais nada sobre isso agora... O coronel Olcott pode ter feito algumas afirmações descuidadas com espírito de bravata... essas afirmações não significam nada muito sério... Posso lhe garantir que a Ciência Oculta e a Sociedade Teosófica conquistaram alguns alicerces da verdade para se apoiar.[7]

Embora emanado de outro livro, *A Filosofia da Bhagavad-Gitā,* suas ideias sobre a classificação dos princípios, as controvérsias e descobertas incidentais estão todas incluídas neste texto.[8] A edição revista e ampliada do *Esoteric Writings* de Subba Row está em circulação, tendo sido reimpressa pela

---

7 *EW*, 562-7.

8 T. Subba Row, *Notes on the Bhagavad-Gitā (Notes on BG),* Califórnia, Theosophical University Press, 1978, 10-11.

Theosophical Publishing House em 1980. Uma outra edição provavelmente incluirá as palestras sobre a *Bhagavad-Gitā*, de forma que o seu trabalho completo possa estar disponível em um volume para os leitores.

A Filosofia da Bhagavad-Gitā é composta pelas palestras revisadas por ele mesmo e foram distribuídas na Convenção Teosófica em 1886. Essas palestras eram profundamente acadêmicas e místicas, e lhe trouxeram muita fama. Madame Blavatsky cita extensivamente este livro em *A Doutrina Secreta*, particularmente em suas anotações sobre o termo *Mūlaprakriti* e em sua explicação sobre o significado dos números e dos *Avatāras*.

Por uma questão de justiça, devemos agradecer a Subrahmania Iyer por este texto. Mas não fosse por sua ausência providencial em Calcutá, quando as palestras foram proferidas, nós não as teríamos nessa forma de texto. O Sr. Iyer contratou um escritor de taquigrafia, pagando, com seus próprios recursos, uma boa quantia de Rs.150, para anotar e transcrever as palestras para seu próprio uso. Essas anotações foram revisadas pelo orador para sua inclusão no *The Theosophist*. Se fosse deixado a si mesmo, Subba Row não teria encontrado tempo ou energia para escrever as conversas.

Em 1888, as palestras foram publicadas em livro por Tookaram Tatya, de Bombaim, e mais tarde foram reimpressas várias vezes. As duas edições principais foram as publicadas pela Theosophical Publishing House, Adyar, em 1931, e pela Theosophical University Press, Point Loma,

Califórnia, em 1934, sob os títulos de *A Filosofia da Bhagavad-Gitā* e *Notas sobre a Bhagavad-Gitā* respectivamente. Foi anexada uma cronologia das palestras e assuntos relacionados. Num primeiro momento, Subba Row codifica os pontos de vista da Sociedade Teosófica e explica a premissa sobre a qual repousa a *Bhagavad-Gitā*:

> Considero necessário fazer algumas observações preliminares. Todos vocês sabem que nossa Sociedade é estabelecida em uma base cosmopolita. Não estamos apegados a nenhum credo específico ou a qualquer sistema ou filosofia religiosa em particular... Seremos, sem dúvida, capazes de descobrir os princípios fundamentais de toda filosofia e nos basear neles, um sistema que provavelmente satisfará nossos desejos e aspirações... Simplesmente os colocarei [meus pontos de vista] antecipando para o que eles servem. São os resultados de minhas próprias investigações sobre vários sistemas de filosofia e não são atribuídos a nenhuma autoridade superior...
>
> A *Bhagavad-Gitā* parte de certas premissas, que não são explicadas detalhadamente – elas são simplesmente aludidas aqui e ali, e citadas com o objetivo de reforçar a doutrina, ou como autoridades, e Krishna não entra nos detalhes da filosofia que é a fundamentação delas. Ainda há uma base filosófica sob seus ensinamentos, e a menos que essa base seja cuidadosamente investigada, não podemos entender as aplicações práticas dos

ensinamentos da *Bhagavad-Gitā* ou mesmo testá-los da única maneira em que podem ser testados.[9]

E ele diz:

> ... Não pretendo adotar a classificação sétupla dos [princípios do] homem que, até hoje, foi adotada nos escritos teosóficos em geral... [Isso] me parece ser muito pouco científico e ilusório.[10]

Uma nota de rodapé nos diz que:

> Essa declaração suscitou uma controvérsia entre o palestrante e a Madame H.P. Blavatsky, para a qual o leitor é remetido *Uma coleção de escritos esotéricos do falecido Sr. T. Subba Row* publicado por nós.[11]

Subba Row continua:

> ...essa classificação sétupla é quase notável por sua ausência em muitos de nossos livros hindus. De qualquer forma, uma parte considerável é quase ininteligível para as mentes hindus; e, portanto, é melhor adotar

---

9 *Ibid*, nota 8.

10 *Ibid*, 13-14.

11 Row, T. Subba. *Lectures on the Study of the Bhagavad-Gitā*, Bombaim, Tookaram Tatya, 1897, 7-8.

> a classificação consagrada pelo tempo, a de quatro princípios.[12]

Esta afirmação parece sugerir que qualquer coisa não disponível nos "livros hindus" não é aceitável para Subba Row. No decorrer da terceira palestra, ele diz:

> Será feita uma tentativa em *A Doutrina Secreta* para indicar a natureza desse mistério [Krishna e todas as encarnações mencionadas na *Bhagavad-Gitā* – e esse mistério vai até a própria raiz de toda a Ciência Oculta] até onde for possível, mas não se deve imaginar que o véu será completamente levantado, e que todo o mistério será revelado.[13]

Isso comprova a assistência que ele pretendia prestar à Madame Blavatsky na edição de seu trabalho; infelizmente isso não veio a acontecer.

Ele dá um final adequado às palestras, apontando a singularidade do ponto de vista teosófico e exortando os membros da Sociedade, que buscam a verdade, para trabalhar nas linhas certas:

> A Sociedade não pode lhe fornecer alimentos filosóficos já digeridos, como se você estivesse em um

12 *Notes on BG*, 15.
13 *Ibid*, 69.

estado ideal de passividade buscado pelos defensores da Filosofia Sāmkhyan; mas de cada um de vocês é esperado ler e estudar o assunto por si mesmo. Leia e adquira conhecimento e depois use o que você ganhou para o benefício de seus compatriotas... Nós assimilamos toda uma coleção de crenças e práticas supersticiosas que de forma alguma tendem a promover o bem-estar da nação hindu, mas a desmoralizá-la e minar sua força espiritual, o que a levou ao estado atual de coisas, que acredito, não se deve inteiramente à degeneração política.

Nossa sociedade se apoia em uma base totalmente não sectária; simpatizamos com todas as religiões... e, embora simpatizemos com todas as religiões e façamos os melhores esforços possíveis para recuperar os fundamentos comuns subjacentes a todas as crenças religiosas, o dever de cada um de nós deve ser tentar esclarecer nossos próprios compatriotas sobre a filosofia da religião, e nos esforçarmos para levá-los de volta a uma fé mais pura – uma fé que, sem dúvida, existia nos tempos antigos, mas que agora vive apenas no nome ou nas páginas de livros esquecidos.[14]

14 *Ibid.*, 126-7.

Cronologia dos artigos

Título dado		*The Theosophist* Mês e Página	Ref. ao Texto
Notes on the Bhagavad-Gita	I	fevereiro 1887 299-311	p. 10-34
– idem –	II	março 1887 359-70	p. 35-37
– idem –	III	abril 1887 430-47	p. 58-95
Artigo de HPB *Classification of Principles*		abril 1887 448-56	p. 325-32
Resposta de Subba Row *The Constitution of Microcosm*		maio 1887 504-11	p. 333-49
**Notes on the Bhagavad-Gitā IV*		julho 1887 633-48	p. 96-127
Reclassification of Principles, de HPB		agosto 1887 655	p. 350-58
The Constitution of the Microcosm, de TSR		agosto 1887 699-707	p. 359-75
Theosophical Theories of the Microcosm, de W.Q. Judge		agosto 1887 712-14	
The Bhagavad-Gitā and the Microcosmic Principles, de N. D. Khandalawala			p. 376-87
Relatórios de quatro discursos extemporâneos proferidos por T. Subba Row, B.A., B.L., diante dos delegados presentes à Convenção da S.T. em Adyar, Madras, de 27 a 31 de dezembro de 1886.			

*Vale informar que se referem aos originais em inglês todas as páginas aqui indicadas. (N.E.)

Práticas Místicas de T. Subba Row

De acordo com o esboço biográfico fornecido pelo coronel H. S. Olcott, Subba Row "não dava sinais de possuir conhecimento místico". A mãe de Subba Row informou a Olcott que "seu filho falou em metafísica depois de ter estabelecido uma conexão com os Fundadores da Sociedade Teosófica: uma conexão que começou com uma correspondência entre ele, HPB e Damodar, e tornou-se pessoal após nosso encontro com ele, em 1882, na casa de Madras.[1]

Olcott continua:

> Era como se um depósito de experiências ocultas, esquecido há muito, tivesse sido repentinamente aberto para ele; e lhe veio a lembrança de seu último nascimento anterior; ele reconheceu seu Guru e, desde então, manteve relações com ele e outros Mahatmas; com alguns, pessoalmente em nossa sede geral, com outros, em outros lugares, e por correspondência".[2]

Deve ser lembrado que Subba Row nasceu em uma família *Smartha* brâmane religiosa e ortodoxa. Tendo em

---

1 *Death of T. Subba Row*, B.A., B. L.. *The Theosophist*, julho 1890, também reimpresso em *EW*, xiii.

2 *EW*, xiii.

mente o período de sua educação, pode-se supor, com segurança, que as práticas de *sandhyādvandanam* e *nitya-agni-kāryam* (oferendas diárias aos deuses do fogo) foram realizadas por ele desde o momento de sua *upanayanam* (iniciação nos mistérios religiosos). Isso era uma questão de rotina na vida religiosa, e nenhum aprendizado metafísico ou filosófico era necessário pelos praticantes.

Subba Row afirmou que "um terço de sua vida se passou em um mundo do qual sua própria mãe não tinha ideia [do quanto era diferente da vida cotidiana].[3] Ele parece ter chamado a atenção de Madame Blavatsky com seu ensaio *The twelve signs of the Zodiac* para *The Theosophist* em 1881. Ele estava se correspondendo com ela mesmo antes de finalmente se conhecerem em 1882.

Ele obteve sua licenciatura em artes em 1876 e, de acordo com o que disse a S. Subrahmania Iyer (mais tarde presidente interino do Supremo Tribunal de Justiça, Madras), iniciou o estudo da filosofia espiritual nove anos depois. Ele praticou *Hatha Yoga* recebendo instruções de um velho sábio, um *dravidiano* de cor negra. Este instrutor espiritual foi nomeado apropriadamente como *Dattātreya.*

O sistema filosófico espiritual adotado por Subba Row era o *Taraka Rāja Yoga,* "um dos sistemas de *Yoga brahmânico*

3 *ODL*, III, 394.

para o desenvolvimento de poderes e conhecimentos puramente espirituais que levam ao *Nirvāna*".[4]

Ao que parece, não há textos impressos explicando esse sistema particular de filosofia, mas sua prática deve ter sido de fato rigorosa, se seu conhecimento oculto é atribuído a isso. Nas suas próprias palavras:

> *Tāraka Rāja Yoga* é, por assim dizer, o centro e o coração da Filosofia Vedântica, pois é decididamente, em seus aspectos mais elevados, a porção mais importante da antiga Religião-Sabedoria. Muito pouco se sabe atualmente na Índia... Na verdade, porém, é um dos sete ramos principais do qual toda a Ciência Oculta está dividida, e é derivada, de acordo com todos os relatos dos "filhos da névoa do fogo", da terra misteriosa de Shamballah.[5]

Ele recusou-se a dar treinamento espiritual a qualquer um que não estivesse adequadamente preparado para recebê-lo. Por exemplo, enfaticamente se recusou a orientar ou treinar Subrahmania Iyer, seu colega no tribunal e seu amigo do Clube Cosmopolita, porque ele não realizava seu *nitya-sandhyā-vandanam* ou oferendas diárias ao deus-sol.

Seu encontro com a Madame Blavatsky abriu novas portas de percepção para ele. Ele apreciava muito o conhecimento

---

4 BLAVATSKY, H.P. *The Theosophical Glossary*, Bangalore, Theosophy Company (Mysore) Private Ltd. 1978, 321.

5 *EW*, 364-5.

e as habilidades ocultas dela. Ele acreditava que um "iogue hindu" ocupava seu corpo físico e era responsável pelo fenômeno. Mas é difícil avaliar como a sua associação com ela se encaixou em seu conhecimento anterior derivado da prática de *Hatha Yoga* ou *Tāraka Rāja Yoga*. Em suas conversas particulares com o coronel Olcott e outros, ele não escondeu o fato de que o Mestre Morya era seu Guru, e que esse fato lhe foi revelado explicitamente quando conheceu HPB.[6]

O Mestre K.H., escrevendo em junho de 1882, confirmou que ele era realmente um chela do Mestre Morya.

> Não conheço Subba Row – que é aluno de M. Pelo menos – ele sabe muito pouco de mim. No entanto, pelo que eu ainda sei, ele *nunca* consentirá em vir para Simla. Mas, se ordenado por Morya, irá ensinar de Madras...[7]

Subba Row sentiu fortemente que a Ciência Oculta, sua prática e aplicação deveriam ser protegidas. Por esse motivo, ele sentiu a desaprovação da Madame Blavatsky, mas isso não o comoveu. Seus professores espirituais também tiveram que mostrar muita tolerância em relação a ele. Mestre M. escreveu, em 7 de dezembro de 1882, a A.P. Sinnett:

> Você deve ter paciência com o Subba Row. Dê tempo a ele. Ele agora está em sua prática de *tapas* e não

6 MURPHET, Howard. *Hammer on the Mountain*, Wheaton, 1972, 166.
7 *ML*, Nº 17, 115.

poderá ser perturbado. Eu lhe direi para não negligenciar você, mas ele é muito cioso e considera um sacrilégio ter de ensinar um inglês.[8]

Além de outros fatores, guardar um segredo e não revelá-lo, mesmo que custasse desonra ou vida, era para ele uma parte necessária da prática oculta. Em uma carta datada de 3 de fevereiro de 1882, para a Madame Blavatsky, antes de conhecê-la, ele escreveu:

> O pouco de Ocultismo que ainda permanece na Índia está centrado nesta Província Madras; e esse fato você poderá descobrir por si mesma ao longo do tempo. O grande reavivamento do *Yoga Vidyā* na época de nosso grande Shankarāchārya teve sua origem nesta parte da Índia; e desde aquela época até os dias atuais, o sul da Índia nunca teve a infelicidade de ser abandonado *por todos os seus Iniciados.* [9]

"Ao meio-dia", no dia de sua morte, ele disse que seu Guru o chamou para vir, ele iria morrer, agora estava começando sua prática de *tapas* (invocações místicas), e não queria ser incomodado. A partir desse momento, ele não falou com mais ninguém.[10]

---

8 *Ibid.* Nº 12, 70.

9 *HPB Letters*, nº CLXI, 318.

10 *The Theosophist*, julho 1890.

Claramente, isso não era tanto uma premonição da morte, mas uma consciência da continuidade da vida sob a direção de seu Mestre. Ele faleceu às 22h.

"Ele viveu sua vida oculta sozinho."[11]

11 *Ibid.*

Um Professor que não Ensinaria

Subba Row estava interessado em construir um quadro de *'verdadeiros iniciados'* dentro da Sociedade Teosófica, que estariam "agindo sob as instruções dadas pelos Adeptos"[1].

Deve-se lembrar de que, em 1879, a Sociedade consistia em três seções:

> A mais alta ou Primeira Seção era composta exclusivamente por profissionais ou iniciados em Ciências Esotéricas e Filosofia, que se interessavam profundamente pelos assuntos da Sociedade e em instruir o Presidente-Fundador sobre a melhor forma de regulá-los, mas ninguém, com quem se comunicava voluntariamente, tinha o direito de saber.[2] A Segunda Seção abraça os teósofos que provaram sua fidelidade, zelo e coragem, e sua devoção à Sociedade.[3]
>
> A Terceira Seção, na qual um novo candidato era admitido, devidamente apadrinhado por dois membros, e que deveria ser apresentado a sinais, palavras

1 *HPB Letters*, nº CLXI, 318.

2 RANSOM, Josephine, *A Short Story of the Theosophical Society (Short History)*, Adyar, TPH, 1938. 547.

3 JINARAJADASA, C., *The Golden Book of the Theosophical Society (Golden Book)*, Adyar, TPH, 1925, 246.

e símbolos, devendo também assumir a obrigação de guardar segredos para si mesmo.[4]

Os objetivos da Sociedade foram reescritos em 1881. Eles eram:

1. Formar o Núcleo da Fraternidade Universal da Humanidade;
2. Estudar Literatura Ariana, Religião e Ciência;
3. Reivindicar a importância desta investigação e corrigir deturpações com as quais foi obscurecida;
4. Explorar os mistérios ocultos da Natureza e os poderes latentes do homem, sobre os quais os fundadores acreditam que à Filosofia Oriental está em posição de lançar luz.[5]

Observamos que, pela primeira vez, a ideia de fraternidade universal foi trazida aos objetivos, e que ao "estudo da Literatura Ariana" e à "Filosofia Oriental" foi dada grande importância. Em 1875, o objetivo expresso da Sociedade era apenas "coletar e difundir um conhecimento das leis que governam o Universo".[6]

Subba Row, mesmo antes de ser admitido como membro da Sociedade, ofereceu-se para ajudar a formular "um sistema ritualístico" e elaborar um esquema de "treinamento

---

4 *Short History*, 547-8.

5 *Ibid.*, 548.

6 *Ibid.* 545.

oculto sistemático para aqueles que são admitidos na referida Seção".[7] Ele tinha fortes pontos de vista sobre o *Yoga Vidyā* do sul da Índia; ele escreveu em confiança:

> Nós *ainda temos* homens entre nós – protegidos do abuso de oficiais britânicos arrogantes e missionários impertinentes, em cavernas escuras nas montanhas e florestas impenetráveis sem trilhas – aqueles que quase alcançaram as margens do oceano do *Nirvāna*. [8]

Ele estava ciente das atitudes incertas de pessoas como Hume: "É apenas para os que creem sinceramente no *Yoga Vidyā* e na existência de Adeptos, que esses místicos austeros são acessíveis. Mesmo que um teósofo inglês como Hume se apoderasse de um desses homens por acidente, em breve ele colocaria a filosofia dele à prova».[9]

Subba Row escreveu ao Sr. Sinnett, em 7 de maio de 1882, que ele havia sido "requisitado pela Madame Blavatsky várias vezes, nos últimos três meses, para dar a você instruções práticas em nossa Ciência Oculta, as que eu tivesse permissão para dar a alguém em sua posição; e agora sou intimado por – a ajudá-lo, em certa medida, a erguer uma parte do primeiro véu de mistério"... Estas as condições a serem observadas:

---

7 *HPB Letters*, nº CLXI, 318.

8 *Ibid*. 316-7.

9 *Ibid*. 317.

1. Você deve me dar sua palavra de honra que nunca revelará a ninguém, pertencendo à Sociedade Teosófica ou não, os Segredos comunicados a você, a menos que obtenha previamente minha permissão para fazê-lo;
2. Você deve levar uma vida que seja bastante consistente com o Espírito das regras já dadas para sua orientação;
3. Você deve reiterar sua promessa de promover, na medida do seu poder, os objetivos da Associação Teosófica;
4. Você deve cumprir rigorosamente as instruções que lhe serão dadas com as instruções aqui prometidas.

Ele acrescenta que "qualquer coisa como um estado de espírito vacilante quanto à realidade da Ciência Oculta e à eficácia do processo prescrito provavelmente impedirá a produção do resultado desejado".[10]

Sinnett parece ter dado apenas um consentimento moderado. Subba Row escreveu outra carta em 26 de junho, contendo algumas indicações sobre a vida e o treinamento espiritual.

> ... nenhum estudante de Filosofia Oculta conseguiu desenvolver seus poderes psíquicos sem levar a vida prescrita para tais estudantes;... A mera aquisição de

---

10 *ML*, nº 130, 450.

> poderes extraordinários nunca pode garantir a imortalidade para o estudante de Ciência Oculta, a menos que ele tenha aprendido os meios de mudar gradualmente seu senso de individualidade de seu corpo material corruptível para o incorruptível e eterno *Não Ser*, representado por seu sétimo princípio.[11]

Ele expressou sua disposição de "dar a vocês [A.P. Sinnett e A.O. Hume] as instruções teóricas que eu puder dar na Filosofia da Religião *Brahmânica* Antiga e no Budismo Esotérico".[12] Antes que Subba Row pudesse responder positivamente nestes termos, ele consultou seu próprio instrutor espiritual. O Mestre K.H. escreveu a Sinnett:

> Eu o aconselho enfaticamente a não empreender, neste momento, uma tarefa além da sua força e meios; porque *uma vez prometido*, se você quebrar sua promessa, isso o impedirá por anos, se não para sempre, de qualquer progresso adicional. Desde o início eu disse para o *Rishi* "M." que sua intenção era boa, mas seu projeto extravagante. Como você pode, em sua posição, realizar esse trabalho? O Ocultismo não é para brincar. Exige tudo ou nada. Eu li sua carta para S.R., enviada por ele para Morya, e vejo que você não entendeu os primeiros princípios do treinamento de chela. O pobre Subba Row

11 *Ibid.*, nº 131, 451-2.
12 *Ibid.*, 452.

está "em uma situação difícil" – e é por isso que ele não responde. Por um lado, ele tem a indomável HPB que importuna Morya para *recompensá-lo*, e o próprio M. que o faria se pudesse satisfazer suas aspirações; por outro lado, ele encontra a inigualável muralha chinesa de regras e *Leis*. Acredite em mim, bom amigo, aprenda aquilo que você pode suportar de acordo com as circunstâncias, ou seja, a *filosofia* dos fenômenos e nossas doutrinas sobre cosmogonia, homem interior, etc. Isto Subba Row o ajudará a aprender, embora os termos dele – ele é um brâmane Iniciado e se apega ao ensino esotérico *brahmânico* – serão diferentes daqueles termos da terminologia "Budista *Arhat*". Mas essencialmente ambas são *idênticas*, de fato. Meu coração se comove quando leio a sincera nobre carta do Sr. Hume – especialmente o que percebo nas entrelinhas. Sim; para alguém com o ponto de vista dele, nossa política deve parecer egoísta e *cruel*: eu gostaria de ser o Mestre! Em cinco ou seis anos, espero me tornar meu próprio "guia", e então as coisas terão que mudar um pouco. Mas mesmo César acorrentado não poderia livrar-se das correntes e transferi-las para Hippo ou Thraso o carcereiro. Esperemos. Eu não consigo pensar no Sr. Hume sem me lembrar cada vez de uma alegoria de meu próprio país: o gênio do Orgulho vigiando um tesouro, uma riqueza inesgotável de todas as virtudes humanas, o dom divino de *Brahmā* ao homem. O gênio adormeceu sobre seu tesouro agora, e uma a uma as virtudes estão brotando... Será

> que ele acordará antes que todas elas sejam libertadas de seus laços por toda a vida? Essa é a pergunta.[13]

Subba Row explica com mais detalhes a HPB por que é impossível ensinar Ciência Oculta a homens como Hume e Sinnett, que "não consentem em obter conhecimento oculto da maneira que os chelas comuns fazem".

E no meu caso, a dificuldade é consideravelmente aumentada por dois motivos:

> (1) *Porque eu não ouso* mostrar nada da Ciência Oculta *praticamente,* e (2) Porque... Sou forçado a agir como se eu não conhecesse os Irmãos, quando realmente apenas me recusei a falar sobre eles. Portanto, existe o perigo dessas pessoas se decepcionarem com o passar do tempo e recaírem em seu antigo estado de ceticismo, se não houver o perigo de se tornarem nossos inimigos quando descobrirem que não lhes serão dadas instruções práticas.

O Mestre K.H. confirma o ponto quando ele diz: "Você vê agora o que ele teme. Prometa-lhe por escrito que *não irá questioná-lo* ou pressioná-lo a responder às suas perguntas sobre nós, e ele lhe dará instruções com prazer e, como você vê, ele não está totalmente errado."[14]

---

13 *Ibid.*, nºs 132 e 76, 453 e 369-70.

14 *HPB Letters*, nº CLXII, 318-21.

Seu preconceito racial profundamente enraizado é revelado nesta frase: "Não será uma coisa muito fácil me fazer acreditar que qualquer inglês possa realmente ser induzido a trabalhar para o bem dos meus compatriotas sem qualquer outro motivo que não seja sincero sentimento e simpatia por eles."

K. H. diz, meio desanimadamente: "O preconceito é tão profundo que ele dificilmente acreditará em M. ou em mim, quando *lhe assegurarmos* de sua sinceridade."[15]

Mais tarde, em 16 de agosto de 1882, Subba Row escreve para o Mestre K.H. explicando por que ele aconselhou Hume a não ir vê-lo em Madras. "Não preciso dizer que nunca poderei ensinar a ele todo o mistério de nossa ciência e filosofia antigas, pois eu mesmo não conheço tudo. E mesmo que eu possua alguns dos segredos que são revelados apenas aos iniciados e candidatos adequados à iniciação, não me será permitido comunicar esses segredos a ele, nem por via oral nem por qualquer outro meio de comunicação."[16]

Para obter uma clara compreensão da situação, a correspondência, disponível em diferentes fontes, deve ser lida em sua ordem cronológica, conforme sugerido no final desta seção.

O Mestre K.H. escreveu em março de 1885:

15 *Ibid.* nº CLXII, 320.

16 *Ibid.*, nº CLXIV, 323.

> Assim, meu amigo, chegam a um fim forçado as instruções ocultas projetadas. Tudo foi estabelecido e preparado. O Comitê secreto, designado para receber nossas cartas e ensinamentos e transmiti-los ao grupo oriental, estava pronto, quando alguns poucos europeus – por razões que prefiro não mencionar – tomaram sobre si mesmos a responsabilidade de reverter a decisão do Conselho inteiro. Eles recusaram (embora o motivo que eles alegaram tenha sido outro) – receber nossas instruções por Subba Row e Damodar, o último dos quais é odiado pelos senhores L. Fox e Hartmann. Subba R. renunciou, e Damodar foi para o Tibete. Nossos hindus devem ser responsabilizados por isso?[17]

Todo o esquema do treinamento oculto parece ter falhado não apenas por causa da desconfiança mútua entre indianos e europeus, mas também por seus preconceitos profundamente enraizados e ideias dogmáticas e ortodoxas.

---

17 *ML*, nº 65, 357.

Cronologia das cartas de TSR

3 de fevereiro 1882	Carta nº. CLXI *(BLS)*	Para HPB, convidando-a para Madras e oferecendo sua ajuda no trabalho.
7 de maio 1882	130 *(ML)*	Para APS, questionando certas promessas.
3 de junho 1882	132 *(ML)*	Para HPB, dando extratos dos comentários de Morya
	76 *(ML)*	Comentários de K.H. a APS sobre a carta acima (Nº 132).
26 de junho 1882	131 *(ML)*	Para APS, depois de receber seu consentimento moderado, explicando as dificuldades em dar treinamento prático.
10 de agosto 1882	CLXII *(BLS)*	Para HPB, explicando porque ele não poderia ensinar APS e AOH.
16 de agosto 1882	CLXIV *(BLS)*	Para K.H., explicando as inibições físicas e mentais em contraste com a visita de Hume.

T. Subba Row e a Madame Blavatsky

Subbba Row leu relatos de jornal sobre os fundadores da Sociedade Teosófica e sua chegada à Índia. Embora os encontrasse em 1882, sua correspondência com eles havia começado mais cedo. Em sua carta de 3 de fevereiro de 1882, ele escreve à Madame Blavatsky a convidando, juntamente com o cel. Olcott, para visitar Madras:

> Sem dúvida, eu particularmente estou muito ansioso para vê-la; mas esse não é o motivo importante para pedir que você venha aqui. Embora nenhuma Loja da Associação Teosófica tenha ainda sido estabelecida aqui, existem muitos senhores aqui que simpatizam sinceramente com suas metas e objetivos, e que ficariam muito felizes em ver você... Seu livro *Isis sem véu* causou uma impressão muito forte em suas mentes. Acredito que há também alguns europeus aqui que estão muito ansiosos para vê-la. Por favor, veja, portanto, se você não pode reservar alguns dias extras para satisfazer as expectativas desses senhores.[1]

---

1 *HPB Letters*, nº CLXI, 316.

Na mesma carta, ele explica mais tarde como seria difícil para qualquer Adepto indiano visitar uma pessoa como Hume. Ele declara que "levará algum tempo até que esses místicos possam ser solicitados a fazer qualquer coisa pelos teósofos".[2]

Ele sugere a adoção de "algum sistema ritualístico de iniciação para a segunda seção" e espera que esta seção seja "composta por *Iniciados reais,* agindo sob as instruções dadas pelos Adeptos da primeira seção". O conteúdo desta carta foi, no geral, endossado pelo Mestre M. que, com relação a essa sugestão específica, escreve com humor característico: "Alguém poderia fazer pior do que consultar o jovem sobre o manual proposto também".[3]

Subba Row não escondeu o fato de que suas percepções internas e experiências ocultas ganharam impulso somente depois que ele conheceu a Madame Blavatsky e, por muito tempo, ele teve uma imensa consideração e reverência por ela. Sua mãe disse que ele falou com entusiasmo sobre HPB: "Ela é uma senhora misteriosa; fenômenos ocorrem em sua presença. Um iogue hindu está ocupando seu corpo".

Em agosto de 1882, Subba Row agradeceu HPB por lhe enviar uma fotografia, e por seus gentis conselhos. "Tentarei fazer o meu melhor", disse ele, "para não desviar do curso indicado para mim."[4] Em uma carta, ele diz de si mesmo:

---

2 *Ibid.*, 317.

3 *Ibid.*, 318.

4 *Ibid.*, nº CLXII, 321

> Quanto ao Adeptado, sei muito bem quão distante estou disso. Até agora, não ouvi dizer que alguém colocado na minha posição conseguiu se tornar um Adepto. *Mesmo praticamente eu sei muito pouco de nossa Antiga Ciência Arcana.*[4b]

A última frase foi sublinhada pelo Mestre K.H., que comentou: "Não é bem assim. Ele sabe o suficiente para qualquer um de vocês".[4c]

Na mesma carta a HPB, ele diz:

Seus trabalhos desinteressados pelo bem do meu país exigem esse tipo de assistência, de mim e de todos os outros hindus que amam seu próprio país. Basta-me saber que um de nossos Ilustres Irmãos teve a gentileza de me notar e me prestar alguma assistência.[4d]

Mas Subba Row gradualmente se voltou contra ela, para tristeza de outros membros. Sua animosidade em relação a ela veio à tona com a conspiração dos Coulomb, já que, anteriormente, em uma carta a um V.V. Sivavadhanulu (1-7-1885), ele foi pelo menos neutro e impessoal:

> A questão em debate entre a Sociedade Teosófica e o público não é se a Madame B. é honesta ou desonesta, mas sim se a Ciência Oculta é uma realidade ou uma ficção. Mesmo um único fenômeno genuíno deve

> produzir uma conclusão a nosso favor. Sou filiado da Sociedade Teosófica, e não à Madame B.[5]

Em 31 de março de 1885, Madame Blavatsky "navegou de sua amada Índia, para nunca mais voltar",[6] tendo renunciado ao cargo de secretária correspondente no dia 21. Ela foi enviada à Europa para fins de buscar uma "melhor saúde". O presidente formou um "Comitê Executivo experimental" para gerenciar os assuntos da Sociedade, com T. Subba Row entre os membros, e C. W. Leadbeater como secretário. Este comitê, reunido em 12 de abril, aceitou a demissão de HPB e registrou "o elevado sentido dos valiosos serviços que ela prestou à causa da Ciência e da Filosofia ".[7]

A opinião pública era a favor e contra HPB, as acusações verbais e contra-acusações estavam aumentando. O conselho foi fortemente contra a refutação das acusações. Subba Row declarou que "se HPB mantivesse essa agitação (por panfletos, correspondência e conversas pessoais, e por brigas como a atual...), ele não deveria apenas renunciar à Sociedade Teosófica, mas induzir a todos com quem tivesse influência a fazerem o mesmo".[8]

Felizmente, em 1886, a atmosfera havia esfriado um pouco, e pensava-se que HPB poderia ser chamada de volta

---

5 *EW*, 566.

6 *Short History*, 222.

7 *Ibid.*, 224.

8 *Ibid.*, 228.

à Índia, mas, para surpresa do coronel Olcott, Subba Row se opôs fortemente a essa ideia.

"As coisas estavam ficando cada vez mais desagradáveis em Adyar, devido ao atrito entre HPB e T. Subba Row e alguns de seus apoiadores anglo-indianos", registra Olcott.[9]

A retirada de Subba Row da cooperação com a Madame Blavatsky, na questão de sua prometida assistência em *A Doutrina Secreta,* críticas em suas *Palestras sobre a Bhagavad-Gitā,* a respeito da classificação sétupla, e suas respostas e discussões só poderiam ser produtoras de desarmonia. Por fim, ele abandonou a ST, embora se diga que o relacionamento com ele continuou amigável. Mas a objeção primária e básica que ele tinha pelo trabalho de HPB era que ela revelara muitos segredos esotéricos aos profanos. O fato de o plano para *A Doutrina Secreta,* grande parte dos escritos, especialmente o que era baseado em registros antigos, ter sido feito pelo próprio Mestre, foi ignorado por ele. O fato de HPB estar sob a estreita direção e orientação do Mestre foi um fator que Subba Row não se importou em reconhecer. Ele chegou ao ponto de dizer aos associados que os Mestres a haviam abandonado e que agora ela era apenas uma concha vazia, desprovida de todo valor. Isso causou muita irritação em HPB, que, como sempre, não tentou esconder seus sentimentos.

Comentando os eventos do ano de 1887, O coronel Olcott escreve:

---

9 *ODL,* IV, 1975, 43.

> É doloroso, além das palavras, ler a correspondência dela da Europa e ver como ela sofria por vários motivos, sofrendo e se preocupando com frequência com os desenganos. Dentre as piores queixas, seleciono a deserção de T. Subba Row; a publicação no *The Theosophist* pelo subeditor (que ela mesma havia indicado) de artigos que ela considerava antagônicos aos ensinamentos trans-Himalaicos; a recusa de Subba Row em editar os manuscritos de *A Doutrina Secreta*, contrariamente à sua promessa original, embora ela tivesse o texto digitado a um custo de £ 80 e me enviado com esse propósito; a total condenação dele por isso....[10]

E a própria Madame Blavatsky escreve:

> ... até agora sou o único elo entre os europeus e os Mahatmas. Os hindus não se importam. Dezenas deles são chelas, centenas os conhecem, mas, como no caso de Subba Row, eles morrerão antes de falarem de seus Mestres. Hume não conseguiu *nada* de Subba Row, embora todos saibam o que ele é.[11]

A declaração mais reveladora da Madame Blavatsky foi feita à senhora e à senhorita Arundale em uma carta datada de 16 de junho de 1885:

---

10 *Ibid*. 23.

11 *ML*, nº 138, 467.

> Mas por que deveria a Loja de Londres... *a cabeça e o cérebro* da ST, sofrer e correr o risco de se desintegrar pelas batidas selvagens de seu coração – a sede geral de Adyar?... Assim como Subba Row – intransigentes *iniciados* brâmanes nunca revelarão – mesmo aquilo que lhes é permitido. Por isso eles odeiam tanto os europeus.
>
> Ele não disse solenemente ao Sr. e à Sra. C.O. que eu era, dali em diante, "uma concha abandonada e abandonada pelos Mestres"? Quando eu o convidei para assumir esta tarefa, ele respondeu: "Você foi culpada do mais terrível dos crimes. Você revelou segredos do Ocultismo – os mais sagrados e os mais ocultos. Melhor *que você seja sacrificada* do que revelar aquilo que nunca foi talhado para mentes europeias... Caso contrário, eles deveriam ter extraido *de você tudo o que você sabe*. E agora ele está agindo dessa forma. Por favor, informe o Sr. S. a respeito disso.[12]

Madame Blavatsky mostrou seu descontentamento ainda mais cedo, em 17 de março, quando disse a A.P. Sinnett em uma longa carta:

> Embora eles estejam me apoiando [Sr. Subba Row e outros – quando votaram contra o documento, apresentado por Hume, exigindo a renúncia de todos os diretores – incluindo Blavatsky] e permaneçam até o fim, eles

12 *HPB Letters*, nº XLII, 95-6.

> me acusam de ter profanado a Verdade e os Mestres, por ter revelado segredos dos livros *O Mundo Oculto*[13] e até do *Esoteric Buddhism*.... Eu – morta, a Sociedade diz adeus aos Mestres. Diz mesmo agora – tudo talvez, com uma exceção – pois empenhei minha palavra com os meus irmãos hindus, os ocultistas, de *nunca mencionar*, exceto entre nós mesmos, Seus nomes, e isso eu vou manter... e tudo isso porque nós profanamos a Verdade por divulgá-la indiscriminadamente – e esquecemos o lema do verdadeiro ocultista: Saber, ousar e CALAR.[14]

Em 27 de março de 1885, ela escreveu:

> Subba Row repete que a ciência sagrada foi profanada e jura que ele nunca abrirá seus lábios para um europeu para falar sobre Ocultismo. [15]

E, novamente, escrevendo de Wurzburg em 9 de outubro, ela diz que D.N. lhe disse "que seu Mestre Mahatma K.H. responsabiliza Damodar e Subba Row pelos dois terços dos "*mayas*" do Sr. Hodgson – ele diz. São *eles* que, irritados e insultados com a aparição dele em Adyar, em relação ao interrogatório dele (de Hodgson) e a conversa sobre os *Mestres* ".[16]

---

13 SINNET, Alfred P. Editora Teosófica, Brasília, 2000. (N.E.)

14 *ML*, nº 138, 467.

15 *HPB Letters*, nº XXXII, 77.

16 *Ibid.*, L, 122.

Madame Blavatsky teve que enfrentar a acusação de que seu livro *Isis sem Véu* foi escrito com a ajuda de Subba Row. Ela rebateu isso em uma carta de 9 de janeiro de 1886:

> Conheci Subba Row no dia em que cheguei a Madras, em 1882. Eu o vi por uma semana e, quando nós partimos de Bombaim para morar em Madras, em janeiro de 1883, troquei algumas cartas com ele até então. Como eu poderia escrever *Isis* com sua ajuda, se eu estava em Nova Iorque, ele em Madras, e sendo perfeitos estranhos um para o outro?[17]

Não significava que ela estivesse do lado dos europeus. No início de 1882, quando A.O. Hume enviou um artigo para publicação e disse "ele deve ser publicado", ela declara:

> Eu certamente deveria ter jogado o artigo no fogo, mas K.H. enviou uma mensagem para Morya dizendo que ele queria que fosse publicado de qualquer maneira, e eu tive, é claro, que calar minha boca. Mas ele [Hume] receberá um belo protesto de Subba Row e de mais sete chelas no final disso, e se fará odiado por todos os hindus que acreditam nos Irmãos. Devo dizer que se seu desejo é obter instruções de K.H., ele encontra maneiras engraçadas de obtê-las.[18]

17 *Ibid.*, nº LIX, 142.
18 *Ibid.*, nº XVI, 29-30.

Este artigo de Hume alega que *Isis sem Véu* foi "o trabalho mais impreciso, repleto de *erros práticos*" e alerta o público contra os asiáticos egoístas, como ele denominou os Irmãos.

A controvérsia entre HPB e Subba Row sobre a classificação quádrupla ou sétupla dos princípios do homem foi apenas uma diferença filosófica. Naquela época, HPB havia deixado a Índia "para nunca mais voltar"; Subba Row foi estritamente contra o fato de ela ter sido chamada de volta, sua atitude em relação à prometida assistência editorial na preparação de *A Doutrina Secreta* "estava ficando difícil", embora ele ainda não tivesse dito que não "ofereceria suas mãos para isso".

Madame Blavatsky se referiu a essa controvérsia como "uma fenda na muralha chinesa do esoterismo", e considerou os comentários iniciais dele às *Palestras sobre a Bhagavad-Gitā* "um insulto ao ensinamento original". Ela tentou mostrar que não havia inconsistência entre os dois pontos de vista, mas Subba Row adotou uma posição diferente e disse: "minhas observações foram deliberadas e intencionais" [19] – não um deslize da língua, como HPB tentou explicar. HPB cita seus escritos anteriores em apoio à classificação setúpla, mas Subba Row diz que "a classificação setúpla, embora incorreta, foi um passo à frente. Isso serviu a algum propósito, à sua maneira, na direção da investigação dos sistemas antigos da psicologia oculta".[20]

---

19 *EW*, 315-34.

20 *Ibid*. 371.

N.D. Khandalavala, em um resumo da controvérsia, discorda da posição adotada por Subba Row.[21]

Madame Blavatsky, em seus últimos anos, tinha isto a dizer sobre a controvérsia:

> Todo esoterista que lê *The Theosophist* deve lembrar o quão implacavelmente Subba Row, um erudito vedantino brâmane, se levantou contra os princípios setenários do homem. Ele sabia muito bem que *eu não tinha o direito e não ousava explicar* em *The Theosophist*, uma revista pública, a numeração real, e simplesmente se aproveitou de meu silêncio forçado. A doutrina dos sete *Tattvas* (os princípios do Universo como no homem) era mantida em grande sacralidade e, portanto, em sigilo, pelos brâmanes nos dias antigos, por quem agora seu ensino está quase esquecido. No entanto, é ensinado até hoje nas escolas além da cordilheira do Himalaia, mas agora dificilmente é lembrado ou ouvido falar na Índia, exceto através de raros Iniciados. A política foi alterada gradualmente; os chelas começaram a ser ensinados sobre os contornos gerais, e no advento da ST na Índia, em 1879, fui ordenada a ensiná-lo em sua forma *exotérica* a um ou dois, e eu obedeci.[22]

---

21 *Ibid.* 376-87.

22 BLAVATSKY, H. P. *Collected Writings*, XII, Wheaton, The Theosophical Publishing House, 1980, 605-6.

Madame Blavatsky sentiu-se muito magoada com a forma como Subba Row se tornou seu "crítico". Embora seus comentários finais tenham sido educados, é difícil dizer se eles tiveram algum efeito de apaziguá-la, de fato, ou se eram realmente destinados a isso.

Mas ela nunca permitiu que uma observação depreciativa contra Subba Row permanecesse sem resposta. "Eu não podia... esperar e ouvir calmamente as surpreendentes notícias (do Gough!)... e Subba Row não sabe do que está falando, sem chutar a mim mesma até a morte; [23]... "Então, um artigo interminável daquele morcego cego W. Oxley – contra Subba Row, o qual ele chamava de *brâmane ortodoxo fanático*!!"[24] Ela apenas lamentou que Subba Row "*também tivesse mudado*", pois não recebi uma linha sequer dele nesses dois anos e meio em resposta às minhas longas cartas."[25]

Madame Blavatsky, em sua revista *Lúcifer*, comunicou a morte de TSR de maneira muito proeminente, assim:

> Existem poucos membros da Sociedade Teosófica que nunca ouviram falar de Subba Row, o grande estudioso Vedantino; são poucos os leitores de *A Doutrina Secreta* que não estão familiarizados com o seu nome, como o talentoso autor das *Palestras sobre a Bhagavad-Gitā*... O *Karma* tem caminhos misteriosos para atingir

23 *HPB Letters*, nº XXXIII, 78

24 *Ibid*. nº XIV, 26.

25 *Damodar*, 666.

> seus fins, os quais, para os profanos, devem permanecer para sempre insondáveis. Só podemos sentir profundo pesar por esse *Karma* ter atingido alguém cuja morte privou Madras de um intelecto gigante, e a Índia perdeu um de seus melhores estudiosos.
>
> Que seu próximo renascimento seja rápido e sua vida útil mais longa e, acima de tudo, possa ele ainda nascer em Aryavarta. *Sit tibi terra levis* (que a terra te seja leve).[26]

Madame Blavatsky demonstrou um grande senso de "irmandade para com um codiscípulo", bem como "uma obediência voluntária aos preceitos da Verdade".

---

26 *Lúcifer*, agosto 1890, 509.

T. Subba Row e *A Doutrina Secreta*

Um informe na edição de fevereiro de 1884 de *The Theosophist* dizia que "T. Subba Row Garu, B.A., B.L., F.T.S., Conselheiro da Sociedade Teosófica e Secretário de sua filial de Madras"[1], ajudaria na autoria de *A Doutrina Secreta*. Esta foi a primeira menção oficial de sua associação ao trabalho. Enquanto que a "Introdução Histórica" de *A Doutrina Secreta*, fornecida por Boris de Zirkoff, para a edição lançada em 1978, pela Theosophical Publishing House, apresenta a história completa de sua publicação; o que vem a seguir é a cronologia até o ponto em que Subba Row está conectado com ela:

4 de abril de 1885:

> HPB escreve a HSO mencionando que Subba Row lhe disse "para escrever *A Doutrina Secreta* e enviar a ele [TSR] através de você [HSO], todas as semanas, o que eu tiver escrito".[2]

Em 6 de janeiro de 1886, HPB novamente escreve para HSO detalhando o que TSR pode fazer para ajudar no trabalho:

---

1 *The Theosophist*, fevereiro 1884; também veja Boris de Zirkoff, *Rebirth of the Occult Tradition (Rebirth)*, Adyar, TPH, 1977, 74.

2 *Rebirth*, 7.

> Garanta a ajuda de Subba [Row] para *A Dout. Secret. Há muito nela do Advaitismo ou da antiga* Religião Ariana Oculta que, se *reforçada* pelo que S.R. pode adicionar, liquidará Hodgson e companhia no local. Deve ele fazer isso por você, ou melhor, por si mesmo e pelo Advaitismo? Se ele promete fielmente, e você acha que fará isso, enviarei a você dois ou três capítulos de uma só vez; se não – eu começo a publicar aqui. Deixe que ele veja os cinco ou seis primeiros capítulos e faça seu julgamento. Podemos angariar o público da Índia com sucesso se ele me ajudar com citações antigas e significados ocultos adicionados aos meus.[3]

19 de janeiro de 1886, HSO escreve:

> Subba Row a analisará junto com Oakley e ela será devolvida a você. Ele perguntou se teria liberdade para adicionar ou alterar, ao que eu respondi, é claro, que era por isso que ele havia sido solicitado a editá-la. Ele então consentiu.[4]

Em uma carta a A. P. Sinnett, HPB diz:

> Quero que você veja e leia por si mesmo antes que passe pelas mãos de S.R., para evitar que o Hodgson

3 *Ibid.*, 23.

4 *Ibid.*, 24.

diga novamente que *A Doutrina Secreta* foi escrita por Subba Row como *Isis* presumivelmente foi. O que eu quero agora são TESTEMUNHAS.[5]

14 de julho de 1886, HPB escreve para HSO:

> O conselho de S[ubba] R[ow] será inestimável, e se você puder fazê-lo manter o MSS. (manuscrito) não mais que um mês, será excelente... Mas você *deve* forçar S.R. a ler e a não deixá-lo de lado, deixando-o a seu bel prazer, como ele sempre faz.[6]

Outubro de 1886

> A atitude de T. Subba Row estava se tornando muito desfavorável. Às vezes, ele era bastante mal-humorado, e sua educação bramânica o influenciava de maneira considerável. Ele era contra a divulgação de quaisquer ensinamentos esotéricos superiores; sua desconfiança em relação aos ocidentais era aguda e ele nunca aceitou completamente o fato de que os ensinamentos ocultos podiam ser dados tão livremente por uma "mulher".[7]

---

5 *HPB Letters*, nº LXXXIII, 197.

6 *Rebirth*, 28-9

7 *Ibid*, 32.

4 de janeiro de 1887, HPB escreve:

> Fico feliz por Subba Row gostar do meu *Proêmio*... Deixe-o fazer o que quiser. Dou-lhe *carte blanche* (carta branca).[8]

10 de setembro de 1887, HPB escreve para G. Subbaiah Chetty:

> ...Subba Row até recusou, através de C. Oakley, a ler ou ter algo a fazer [com] minha *DS*. Gastei aqui £30 para mandar digitá-la, com o propósito de enviar a ele, e agora, quando tudo está pronto, ele se recusa a investigar. É claro que será um novo pretexto para ele criticar quando sair. Por isso, deverei adiar sua publicação?[9]

24 fevereiro de 1888, HPB escreve para HSO:

> Agora Tookaram me escreve uma carta. Nela, ele menciona que S.R. lhe disse que estava pronto para me ajudar e corrigir minha *DS*, *desde que* eu retirasse todas as referências aos Mestres! Agora, o que é isso? Ele quer dizer que eu deveria negar os Mestres, ou que eu não os entendo e adultero os fatos que eles me repassam, ou que ele, S.R., conhece as doutrinas do Mestre melhor

---

8 *Ibid.*, 38.

9 *Ibid.*, 45.

do que eu? Isso pode significar tudo. Aproveite sua primeira oportunidade de contar para toda Adyar como segue:

"(1) Fui eu quem trouxe, inicialmente, a existência de nossos Mestres ao mundo e à ST. Fiz isso porque eles me enviaram para fazer o trabalho e fazer um novo experimento neste século XIX, e eu o fiz, da melhor maneira que eu sabia. Isso pode não se encaixar nas ideias de S.R., mas responde à verdade e aos fatos... Das duas uma – *Ou eu os conheço pessoalmente, como sempre afirmei;* ou – *eu Os inventei junto com Suas doutrinas.* [10]

O nome de Subba Row não foi mencionado na carta enviada a HPB por vários teósofos americanos ou na resposta de. N. D. Khandalavala e outros. Mas uma carta de N. D. Khandalavala, datada de 12 de agosto de 1888, afirma ainda que "o referido estudante [de esoterismo] indiano recusou-se a assumir a tarefa de revisar o livro ou mesmo partes dele".[11]

A produção final dos volumes foi bastante atrasada, mas diz-se que isso teve seu próprio "forro de prata".[12]

20 de outubro de 1888 O primeiro volume de *A Doutrina Secreta* foi publicado.

---

10 *Ibid*, 48.

11 *Ibid*, 50.

12 *Silver lining:* a expressão significa que mesmo uma situação sombria tem um lado positivo. (N.E.)

Dezembro de 1888 O segundo volume saiu.

Subba Row foi amplamente citado em *A Doutrina Secreta*. Seu artigo "Doze signos do zodíaco" foi utilizado, além de suas *Palestras sobre a Bhagavad-Gitā* ao explicar o termo *Mūlaprakriti*. Os seguintes extratos expressam a admiração dela por ele:

> O pequeno artigo apensando é da caneta do Sr. T. Subba Row, um erudito estudioso da Escola Vedantina. Ele prefere a divisão bramânica do *Rāja-Yoga* e, de um ponto de vista metafísico, ele está certo. Mas, como é uma questão de simples escolha e conveniência, mantemos neste trabalho a classificação consagrada pelo tempo da Trans-Himalaica "Escola Esotérica Arhat".[13]... veja as excelentes definições de *Parabrahman* e do *Logos* nas *Palestras sobre a Bhagavad--Gitā*, de Subba Row.[14]

Subba Row, apesar de ter renunciado à sua filiação formal à Sociedade, manteve contato com Adyar e leu os livros e periódicos teosóficos. Ele viveu por mais de dois anos após sua renúncia, e por mais de um ano após a publicação de *A Doutrina Secreta*, mas não há registro de sua resposta a ela (HPB), exceto por sua objeção básica de que ela revelou demais "para o profano". É possível que ele tenha ficado

13 *SD*, I, 211.

14 *Ibid*, III, 311 e 318.

realmente maravilhado com a apresentação acadêmica e, ao mesmo tempo, clara e altamente espirituosa. Ele achava indesejável demais aquilo ser tocado pelos ortodoxos.

Embora sua cooperação, assistência e orientação não estivessem disponíveis para este monumental trabalho, é claro que a Madame Blavatsky gostaria que seu nome fosse lembrado em conexão com ele, pois além das muitas referências a ele no texto, ela usou uma de suas frases para introduzir o "Resumo" do primeiro volume.

A Medalha T. Subba Row

Durante 1880, "O presidente instituiu uma Medalha de Honra, feita de prata pura e gravada adequadamente, que deveria ser concedida anualmente ao autor indiano do melhor ensaio sobre qualquer assunto relacionado a suas antigas religiões, filosofias ou ciências, de preferência o ramo oculto ou místico da ciência, conhecido e praticado pelos antigos. Ele nomeou um comitê de quatro indianos como juízes – em Bombaim, Madras, Poona e Calcutá, um em cada lugar. Os ensaios enviados não foram considerados dignos de distinção, então a ideia ficou suspensa até 1883, quando a Medalha Subba Row foi estabelecida..."[1]

A Sociedade Teosófica de Madras foi fundada em 1882 com Subba Row como seu secretário. A sede internacional também foi transferida para Adyar em Madras durante a parte final do ano. O coronel Olcott registra que a presença de Subba Row em Madras foi um dos fatores para essa escolha.

Na Convenção realizada em dezembro de 1883, foi decidido que uma Medalha em homenagem a Subba Row seria concedida anualmente a qualquer membro da Sociedade Teosófica que produzisse o melhor ensaio sobre qualquer um dos seguintes assuntos:

---

1 *Short History*, 140.

Ciência e Filosofia Oculta Ariana,
Filosofia Esotérica Budista,
Ciência e Filosofia Esotérica Caldaica
e Zoroastrismo,
Cabala Judaica e Interpretação Esotérica da Religião Cristã.

Um Mestre doou Rs.100 quando o fundo foi iniciado em 1884. A medalha foi concedida a P. Sreenivasa Rao em 1885, e à Madame H. P. Blavatsky em 1888 (Ela não o recebeu até 1890).

Quando Subba Row morreu em 1890, foi proposto que deveria haver um prêmio anual em sua memória. A resolução, no final da Convenção de 1891, teve a seguinte redação:

> No futuro, a medalha Subba Row será concedida em cada Convenção Anual ao autor da mais valiosa contribuição para a literatura teosófica, seja por composição em inglês ou composição original.[2]

No entanto, os prêmios não foram concedidos até 1895. Os ganhadores foram:

1895	Annie Besant
1896	A.P. Sinnett
1897	C.W. Leadbeater

1898	G.R.S Mead
1899	W. Scott Elliot
1900	Bhagavan Das

2 *Ibid.*, 188-90.

Após 1900 não houve premiação por 6 anos, desde então eles se tornaram esporádicos.

1906	Dr. T. Pascal
1909	Dr. Rudolf Steiner
1911	J. Krishnamurti
1912	Dr. F. Otto Schrader
1913	C. Jinarajadasa
1923	Purnendu Narayan Sinha
1924	Ernest Wood
1925	Dr. J.J. van der Leeuw
1934	Helena Pissareva
1935	Dr. G.S. Arundale
1936	Prof. J. Emile Marcault
1938	Josephine Ransom
1939	Prof. D.D. Kanga
1940	E.L. Gardner
1941	Dhirendranath Dutta

1942	Dr. J. H. Cousins
1943	Bhikku Arya Asanga
1944	Mary K. Neff
1946	Dr. G. Srinivasamurti
1949	L. W. Rogers
1951	N. Sri Ram
1952	Elisabeth Preston
1954	Geoffrey Hodson
1955	Rohit Mehta
1956	Clara Codd
1975	Dr I.K. Taimini
1977	Dr. E. Lester Smith
1980	Boris de Zirkoff
1990	Virginia Hanson

Epílogo

A vida de Subba Row nessa encarnação foi curta, mas cheia de propósito. Ele viveu em um período peculiarmente transitório da história indiana. Instruído no conhecimento tradicional, ele também adquiriu uma excelente educação inglesa e superou todos os seus contemporâneos em suas realizações relacionadas à Ciência Oculta e à Sabedoria Arcana.

Como muitos intelectuais de sua época, ele não pôde, por razões históricas, se reconciliar ou coexistir com os europeus. Seus preconceitos arraigados eram fortes e às vezes o impediam de seguir sugestões de seus guias espirituais.

Agora, depois de um século, talvez não haja propósito em especular qual teria sido o curso dos eventos, se seu comportamento tivesse sido diferente. Ele agiu de acordo com suas crenças. Mas, sem dúvida, as coisas que aconteceram e as reações a elas são todas indicadores para as futuras gerações de como não agir.

> Um chela em período de provação pode pensar e fazer o que quiser. Ele é avisado e informado com antecedência: "Você será tentado e enganado pelas aparências; dois caminhos estarão abertos diante de você, ambos levando ao objetivo que você está tentando alcançar; um fácil e que o levará mais rapidamente ao cumprimento dos pedidos que você pode receber; o

outro, mais árduo, mais longo; um caminho cheio de pedras e espinhos que o fará tropeçar mais de uma vez no caminho; e, no final, talvez você encontre o fracasso e seja incapaz de executar as ordens dadas para um pequeno trabalho em particular; mas, enquanto o último fará com que todas as dificuldades pelas quais você passou sejam contabilizadas em seus créditos a longo prazo, o primeiro, o caminho fácil, pode oferecer a você apenas uma gratificação momentânea, um cumprimento fácil da tarefa". O chela tem total liberdade *e, muitas vezes, bastante justificado do ponto de vista das aparências* – para suspeitar de que seu Guru seja "uma fraude", como afirma a elegante palavra. Mais do que isso: quanto maior, mais sincera a sua indignação – seja ela expressa em palavras ou ardendo em seu coração – quanto mais apto ele for, mais qualificado estará para se tornar um *Adepto*.[1]

1 *ML*, nº 30,27-8.

Cronologia dos Eventos

6 de julho de 1856	TSR nasce em Kakinada (agora no estado de Andhra Pradesh) Pai: T. Veera Venkata Narayana (falecido em 1857). Criado pela mãe sob a guarda do avô e do tio materno. Tio materno: Digavalli Venkata Sivarao, Diwan de Rajah de Pithapuram (um estado nativo).
1886	A esposa-criança de Subba Row morreu de cólera.
1872	Passou na matrícula como estudante do Hindu College, Kakinada.
1872-76	Estudou em Presidency College, Madras. Ganhou o Prêmio Elphinstone (Rs. 70) para ensaio em inglês; Prêmio Bourdillon para Telugu (Rs. 25); Prêmio Maharajah de Vizianagaram (Rs. 20) para ensaios em inglês para hindus; Obteve uma bolsa mensal de Rs. 12. (Bolsa de estudos Lord Elphinstone).
1876	Aprovado em B.A. (Bacharel em Artes) em primeira classe (Madras University). Uma nota nos registros da faculdade diz: (B.A.) "Obteve uma série de notas que raramente foram alcançadas nos anais da Universidade."
1876	Casou-se com Sundaramma, filha de seu tio materno.
1877-78	Trabalhou como secretário do Tribunal Superior de Baroda.
1878-80	Estudou Direito em Madras; passou em quarto lugar na classe.

1880	Estágio com os Srs. Grant e Laing. Inscrito como advogado, Alta Corte, Madras.
1882	Conheceu os fundadores da Sociedade Teosófica.
25 de abril de 1882	Admitido como membro da ST em uma reunião particular.
1886	Ministrou palestras em convenções sobre a *Bhagavad-Gitā.*
1887	Renunciou ao cargo de membro da ST.
24 de junho de 1890	Morreu em Madras após uma grave doença.

Editora Teosófica
Livros para Viver Melhor

HENRY S. OLCOTT

A HISTÓRIA DA SOCIEDADE TEOSÓFICA

VOL. 1: 1874-1878

H. P. BLAVATSKY E O INÍCIO DO MOVIMENTO TEOSÓFICO

Henry Steel Olcott conheceu Helena Petrovna Blavatsky, que, depois de inúmeras viagens pelo mundo e iniciações esotéricas recebidas no Tibet, estava investigando, como ele, fenômenos espíritas daquela época.

Eles juntos fundaram a Sociedade Teosófica (ST), com sede na Índia. Olcott manteve um diário sobre a ST e a Sra. Blavatsky. Com base neste diário, escreveu uma obra em seis volumes.

Neste primeiro volume, encontram-se relatos detalhados sobre os primórdios da ST e a extraordinária personagem que foi Helena Petrovna Blavatsky.

Editora Teosófica
Livros para Viver Melhor

T. SUBBA ROW
ESCRITOS ESOTÉRICOS
A SABEDORIA DO OCULTISMO DA ANTIGA ÍNDIA

Esta coletânea de textos sobre assuntos variados, em especial Teosofia e Ocultismo, de autoria de um jovem estudioso brâmane, advogado, místico e ocultista, é uma mina de informação. O autor, Swami T. Subba Row, nasceu em 1856, e durante os breves anos antes de sua morte, em 1890, ele não apenas escreveu esses artigos, mas também deu uma série de palestras na convenção anual da Sociedade Teosófica, mais tarde publicada como *A Filosofia da Bhagavad-Gitā.*

O leitor encontrará aqui uma obra instigante, que aborda com profundidade assuntos de Filosofia da Índia antiga e reflete a erudição e o caráter brilhante e polêmico do autor, respeitado interlocutor de H.P. Blavatsky, que viveu na segunda metade do Século XIX e cuja filosofia é essencialmente o Advaita Vedanta.

Editora Teosófica
Livros para Viver Melhor

A FILOSOFIA DA BHAGAVAD-GITĀ
QUATRO CONFERÊNCAIS POR T. SUBBA ROW

A *Bhagavad-Gitā*, também designada Sublime Canção, ou Canção do Senhor, é uma das mais importantes escrituras sagradas do Hinduísmo, estando contida na grande e antiga epopeia hindu, intitulada *Mahabharata*.

A *Gitā* é um tratado sobre *Yoga*. Essa obra contém preciosos ensinamentos transmitidos por Krishna a Arjuna, nos momentos que antecedem o início de uma grande batalha entre duas clãs familiares no Campo de Kurukshetra, pela posse de um reino da civilização ariana. T. Subba Row, nas quatro conferências reproduzidas no presente livro, faz profundas reflexões sobre *A Filosofia da Bhagavad-Gitā*, revelando seu sentido esotérico ou espiritual. O leitor e estudante é convidado a mergulhar mais fundo para ter uma percepção genuína do seu verdadeiro significado.